ACHTSAMKEIT FÜR DICH

KLEINE AUSZEITEN FÜR DEN ALLTAG

AF186188

arsEdition

WENN SICH DIE WELT UM DICH HERUM
WIEDER EINMAL ZU SCHNELL DREHT, GÖNNE DIR
EINE KLEINE AUSZEIT VON DEINEM ALLTAG
UND KOMME GANZ IM HIER UND JETZT AN.
LASS DICH INSPIRIEREN UND SCHENKE DIR
EINEN MOMENT DER ACHTSAMKEIT.
EINEN MOMENT, DER GANZ DIR GEHÖRT
UND DER DIR NEUE KRAFT GIBT. DU WIRST MERKEN,
WIE SEHR ES DEIN LEBEN BEREICHERT.

positive life

vibes

positive

positive mind

Ändere deine Gedanken und du veränderst die Welt.

Happy thoughts

positive

grow

Du bist fabelhaft!

VERSUCHE EINMAL, KOMPLIMENTE EINFACH MIT DANK ANZUNEHMEN, STATT DICH KLEINER ZU MACHEN. ALS DU BIST. DENKE WOHLWOLLEND ÜBER DICH, DENN MIT DIR VERBRINGST DU DEIN GANZES LEBEN! FANGE AM BESTEN GLEICH DAMIT AN UND SAGE ETWAS POSITIVES ÜBER DICH.

Ich bin _____

EIN
dankbares Herz
IST EIN MAGNET
FÜR WUNDER
UND GLÜCK.

ANSTATT AN DAS ZU DENKEN,
WAS DIR FEHLT,
DENKE LIEBER AN DAS,
WAS DU SCHON HAST!
ZÜNDE EINE KERZE AN
UND ÜBERLEGE DIR DREI DINGE,
FÜR DIE DU JETZT IM
MOMENT *dankbar* BIST.

Body Scan

LIEGE MIT GESCHLOSSENEN AUGEN RUHIG AUF
DEM RÜCKEN UND STELLE DIR VOR, WIE EINE SCHÖNE,
WARME FARBE DURCH DEINEN KÖRPER FLIESST.
FANGE GEDANKLICH BEI DEINEN FUSSPITZEN AN
UND WANDERE WEITER DURCH DEINEN GANZEN
KÖRPER, BIS SICH EIN ANGENEHMES GEFÜHL DER RUHE
IN DIR AUSBREITET.

Think positive
and positive things
will happen.

soul food

Starte achtsam

EIN WARMES AYURVEDA–FRÜHSTÜCK STÄRKT
DICH FÜR DEN TAG UND LÄSST DICH DIE
HERAUSFORDERUNGEN DES ALLTAGS MEISTERN:
EIN PORRIDGE MIT HAFERMILCH, NÜSSEN,
GEDÜNSTETEN FRÜCHTEN UND GEWÜRZEN WIE ZIMT,
KARDAMOM, SAFRAN UND NELKEN TUT GUT,
WÄRMT VON INNEN UND DIE ZUBEREITUNG IST
ein schönes Ritual.

Offline
IST DER NEUE LUXUS

AUCH WENN ES AM ANFANG NICHT LEICHTFÄLLT:
GÖNNE DIR DIESEN FREIRAUM. LASS DAS HANDY,
DEN COMPUTER ODER FERNSEHER HEUTE ABEND
EINFACH MAL AUS UND NUTZE DIE ZEIT FÜR DICH.

Collect moments, not things

BASTLE DIR DEINE EIGENE GLÜCKS-BOX!
DANN NOTIERE JEDEN TAG MINDESTENS EINEN
GLÜCKSMOMENT AUF EINEM SCHÖNEN ZETTEL
UND LEGE IHN DORT HINEIN. BALD HAST
DU EINEN SCHATZ AN SCHÖNEN AUGENBLICKEN
GESAMMELT UND KANNST DICH IMMER
WIEDER DARÜBER FREUEN.

ES GEHT IM LEBEN NICHT DARUM,
WAS ODER WIE VIEL WIR BESITZEN.
SONDERN UM DIE MENSCHEN,
DIE UNS BEGLEITEN,
MIT UNS WEINEN,
lachen und träumen.

MIT WEM KANNST DU DIE Welt
UM DICH HERUM VERGESSEN?
VERBRINGE MEHR ZEIT MIT DEINEN
LIEBLINGSMENSCHEN!

Mit beiden Beinen im Leben stehen

TADASANA, DIE BERGHALTUNG, GIBT DIR KRAFT
UND SELBSTBEWUSSTSEIN. STELLE DICH AUFRECHT HIN,
VERTEILE DEIN GEWICHT GLEICHMÄSSIG AUF DEINEN
FÜSSEN, SCHLIESSE DIE AUGEN, ACHTE AUF EINEN
GERADEN RÜCKEN UND KIPPE DAS BECKEN LEICHT
NACH VORN. DAS KINN PARALLEL ZUM BODEN,
SCHULTERN FALLEN LASSEN UND DANN DIE ARME
KRAFTVOLL HALTEN UND BEWUSST ATMEN.

believe in yourself

Self-care comes first

SEI ACHTSAM MIT DIR UND DEINEN KAPAZITÄTEN.
OFT FÄLLT ES UNS SCHWER, NEIN ZU SAGEN,
WEIL WIR ANDERE NICHT VERLETZEN WOLLEN,
SCHADEN UNS DABEI ABER SELBST. ÜBE DICH
IN ABGRENZUNG. ES WIRD DIR MIT DER ZEIT IMMER
LEICHTER FALLEN UND DU LERNST DEINE EIGENEN
GRENZEN WIEDER BESSER KENNEN.

OSCAR WILDE

Eigenliebe ist der Beginn einer lebenslangen Leidenschaft.

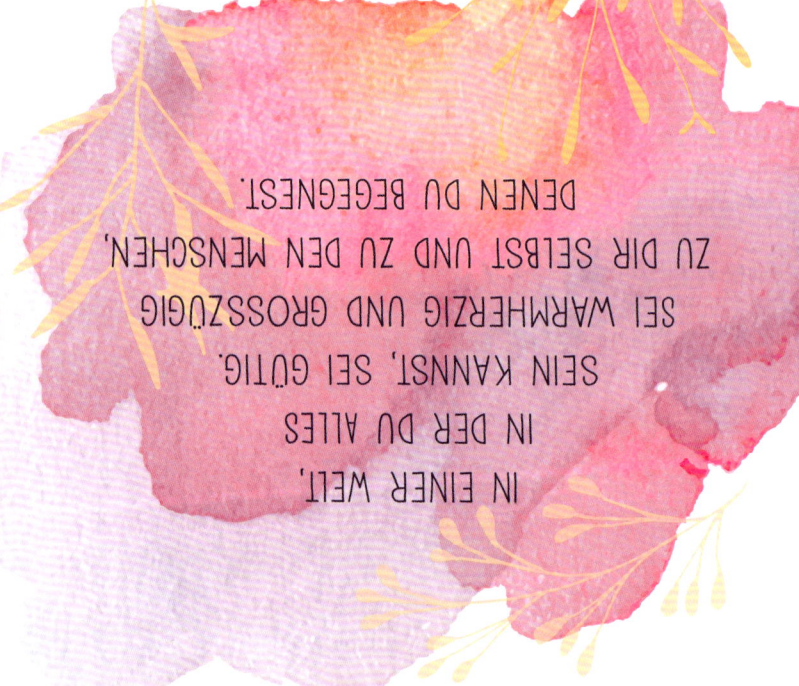

IN EINER WELT,
IN DER DU ALLES
SEIN KANNST, SEI GÜTIG.
SEI WARMHERZIG UND GROSSZÜGIG
ZU DIR SELBST UND ZU DEN MENSCHEN,
DENEN DU BEGEGNEST.

The world is better with you in it!

Wie möchtest du gerne leben?

WAS TRÄGT ZU DEINEN TRÄUMEN
UND PLÄNEN BEI
UND WAS HINDERT DICH?
LASS ALLES LOS,
WAS DEINEN WEG ERSCHWERT.

Nur wer seinen eigenen
Weg geht, kann von
niemandem überholt
werden.

MARLON BRANDO

EIN KÖRPER,
DER RUHIG UND ENTSPANNT IST,
ZIEHT DEN GEISTIGEN FRIEDEN AN.

PARAMAHANSA YOGANANDA

Achtsamkeitsreminder

OB EIN HANDSCHMEICHLER, DEN DU IMMER
BEI DIR TRÄGST, EINE SCHÖNE POSTKARTE AN DEINEM
SPIEGEL ODER EINE KLEINE BUDDHA-FIGUR
AUF DEINEM TISCH: IMMER WENN DU DIESEN
GEGENSTAND ANSCHAUST, HALTE KURZ INNE
UND ATME TIEF DURCH. GÖNNE DIR DIESEN KLEINEN
MOMENT DER ACHTSAMKEIT.

Neuland entdecken

WANN HAST DU DAS LETZTE MAL
ETWAS ZUM ERSTEN MAL GEMACHT?
TRAU DICH, SPRING ÜBER DEINEN SCHATTEN
UND HINEIN INS ABENTEUER. NEUE DINGE
NEHMEN WIR INTENSIVER WAHR UND SIND
DABEI GANZ IM HIER UND JETZT.

Say yes

... to new adventures

ERLAUBE DIR, DA ZU SEIN,
WO DU GERADE BIST.

Sei einfach da.

Schalte die Welt auf
PAUSE.

SCHLIESSE DIE AUGEN, ATME EIN PAAR MAL
GANZ BEWUSST IN DEN BAUCH. LASS DIE WELT
UM DICH HERUM MIT JEDEM ATEMZUG RUHIGER
WERDEN UND DEINE GEDANKEN ZIEHEN.
SEI GANZ BEI DIR UND FRAGE DICH EINMAL:

Wie geht es mir in diesem Moment?

Whatever's

GOOD

FOR YOUR SOUL

GO

DO THAT

It's time for Me-Time

DER WICHTIGSTE MENSCH IN DEINEM LEBEN BIST DU!
TU DIR ÖFTER MAL ETWAS GUTES, VERWÖHNE
DEINEN KÖRPER UND DEINE SEELE. OB EINE
ENTSPANNENDE MASSAGE, RUHIGE LESESTUNDEN
AM FENSTER ODER EIN LANGER SPAZIERGANG.
WAS IMMER ES IST, TU ES FÜR DICH.

IMMER IST DIE WICHTIGSTE STUNDE DIE
GEGENWÄRTIGE; IMMER IST DER WICHTIGSTE
MENSCH, DER DIR GERADE GEGENÜBERSTEHT;
IMMER IST DIE WICHTIGSTE TAT DIE LIEBE.

MEISTER ECKHART

DAS *eigene Glück* IST
MIT DEM DER ANDEREN
UNTRENNBAR VERBUNDEN.

WEISHEIT AUS DEM BUDDHISMUS

Just breathe

YOGA IST
DAS **Zur-Ruhe-Bringen**
DER BEWEGUNGEN IM GEIST.

PATANJALI

DU BIST, WAS DU DENKST,
WAS DU DENKST, STRAHLST DU AUS,
WAS DU AUSSTRAHLST, ZIEHST DU AN,
UND WAS DU ANZIEHST,
BESTIMMT DEIN LEBEN.

stay positive

VERSUCHE HEUTE EINMAL ALLES, WAS DU TUST, GANZ BEWUSST ZU TUN. OFTMALS WOLLEN WIR ZU VIELE DINGE GLEICHZEITIG MACHEN UND VERLIEREN SO LEICHT DEN ÜBERBLICK.

Stay focused

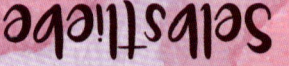

Selbstliebe

SICH SELBST ZU LIEBEN,
BEDEUTET AUCH IMMER,
MUTIG ZU SEIN.
DU BIST VIEL STÄRKER, ALS DU DENKST!
SCHREIBE EINE LISTE MIT DEN DINGEN,
DIE DU AN DIR MAGST.

Mach Yoga.
Und wenn du schon
Yoga machst,
mach mehr Yoga.

WENN DIE WELT WIEDER MAL KOPFSTEHT,
DREH DICH DOCH EINFACH MIT (IHR)!
UMKEHRHALTUNGEN AUS DEM YOGA
SCHENKEN DIR RUHE, VERBESSERN DIE
LAUNE, STÄRKEN DAS SELBSTBEWUSSTSEIN
UND ERÖFFNEN DIR EINEN
NEUEN Blickwinkel.

NICHTS IN DER WELT WIRKT
SO ANSTECKEND WIE
Lachen und gute Laune.

CHARLES DICKENS

Lebe DAS LEBEN,
DAS DU LIEBST,
UND **liebe** DAS LEBEN,
DAS DU LEBST.

BOB MARLEY

Be softer with you.

YOU ARE A BREATHING THING.
A MEMORY TO SOMEONE.
A HOME TO A LIFE.

Selbstmitgefühl

SEI LIEBEVOLL UND NACHSICHTIG MIT DIR,

ERLAUBE DIR, FEHLER ZU MACHEN.

ÜBE DICH IMMER WIEDER DARIN,

DICH DURCH DIE AUGEN EINES GUTEN

FREUNDES ZU BETRACHTEN.

do your best

WAS DU AUCH TUST,
TU ES VOLLER
HINGABE UND
LIEBE.

Wenn du dich selbst liebst, werden auch andere dich lieben.

Slow morning

MACH DIR DEIN LIEBLINGSGETRÄNK
UND KUSCHLE DICH MIT EINER
HIMMLISCHEN TASSE HEISSER
SCHOKOLADE, MILCHKAFFEE
ODER TEE NOCH EINMAL
UNTER DIE BETTDECKE.

SAG ES DIR WIEDER UND
WIEDER, BIS DU ES
VERINNERLICHT HAST:
ICH WERDE MICH
SELBST NICHT
KLEIN MACHEN.

SEI *freundlich* ZU DIR UND
MACH ES DIR ZUR AUFGABE, GUT FÜR DICH
ZU SORGEN. WAS BRAUCHST DU,
WENN DU TRAURIG BIST?
WAS BRAUCHST DU, UM ZU ENTSPANNEN?
SPÜRE IMMER WIEDER MAL IN DICH HINEIN
UND FINDE HERAUS, WAS DIR
IN BESTIMMTEN SITUATIONEN GUTTUT.

Entspanne dich.

LASS DAS STEUER LOS.
TRUDLE DURCH DIE WELT.
SIE IST SO SCHÖN, GIB DICH IHR HIN,
UND SIE WIRD SICH DIR GEBEN.

KURT TUCHOLSKY

BESUCHE EINMAL IM JAHR
EINEN ORT, DEN DU NOCH NICHT KENNST.

WEISHEIT AUS DEM BUDDHISMUS

Less is more

ENTRÜMPLE DEINEN KLEIDERSCHRANK, SORTIERE UNGELESENE ODER EINGESTAUBTE BÜCHER AUS, BEFREIE DICH VON ALTEM PLUNDER, BRING ORDNUNG IN DEINE CD-SAMMLUNG! ES TUT GUT, SICH VON DINGEN ZU TRENNEN UND SEINE UMGEBUNG ZU ORDNEN. SO BRINGST DU AUCH ORDNUNG IN DEIN INNERES.

Lebenskunst IST DIE KUNST
DES RICHTIGEN WEGLASSENS.

COCO CHANEL

namaste

ICH EHRE DEN PLATZ IN DIR,
IN DEM DAS GESAMTE UNIVERSUM RESIDIERT.
ICH EHRE DEN PLATZ DES LICHTS,
DER LIEBE, DER WAHRHEIT,
DES FRIEDENS UND DER WEISHEIT IN DIR.
ICH EHRE DEN PLATZ IN DIR,
WO WIR BEIDE NUR NOCH EINS SIND.

MAHATMA GANDHI

Achtung und Wertschätzung.
BEGEGNE DEINEN MITMENSCHEN MIT

VERTRAUE DEM

Timing deines Lebens.

UNSERE VERABREDUNG MIT
DEM LEBEN FINDET IM GEGENWÄRTIGEN
AUGENBLICK STATT.
UND DER TREFFPUNKT IST GENAU DA,
WO WIR UNS GERADE BEFINDEN.

BUDDHA

YOU MADE MY DAY

DU KANNST AUCH IN BEZIEHUNGEN ÜBEN, ACHTSAM ZU SEIN. LASS DEINE KOLLEGIN AUSREDEN UND TIPPE NICHT SCHON DIE NÄCHSTE E-MAIL. HÖRE DEINEN FREUNDEN AUFMERKSAM ZU, OHNE DABEI AUFS HANDY ZU GUCKEN. SEI VOLL UND GANZ BEI DEINEM GEGENÜBER, WENDE DICH IHM ZU UND SCHENKE IHM DEINE WERTVOLLE ZEIT. DU WIRST MERKEN, WIE SICH DEINE BEZIEHUNGEN DADURCH POSITIV VERÄNDERN.

DIE GRÖSSTEN EREIGNISSE,
DAS SIND NICHT UNSERE LAUTESTEN,
SONDERN UNSERE STILLSTEN STUNDEN.

FRIEDRICH NIETZSCHE

Wenn dich die Welt überrumpelt,
verbringe Zeit in der Natur.

Sei dir selbst ein guter Begleiter

NIMM HEUTE EINEN UMWEG IN KAUF UND PROBIERE MAL EINEN ANDEREN HEIMWEG AUS. LASS DAS HANDY IN DER TASCHE, GEHE GANZ AUFMERKSAM UND VERBRINGE SO ETWAS **Zeit mit dir** ALLEIN.

SCHLIESSE DIE AUGEN UND TRÄUME
DICH AN DEINEN GANZ
PERSÖNLICHEN WOHLFÜHLORT.
KOMM HIERHER ZURÜCK,
WANN IMMER DU EIN
BISSCHEN RUHE UND
KRAFT TANKEN MÖCHTEST.

Wann hast du zuletzt dein Herz entscheiden lassen?

ÖFFNE DEIN HERZ FÜR DICH UND FÜR DIE MENSCHEN,
DENEN DU BEGEGNEST. WAHRE HERZÖFFNER SIND
RÜCKBEUGEN AUS DEM YOGA, DENN SIE DEHNEN
DIE BRUSTMUSKELN UM DAS HERZ HERUM.
SO BEKOMMEN DAS HERZ UND DIE LUNGEN
MEHR PLATZ FÜR DIE ATMUNG.

Denke weniger.
Fühle mehr.

MEHR ALS DIE VERGANGENHEIT
INTERESSIERT MICH DIE ZUKUNFT,
DENN IN IHR GEDENKE ICH ZU LEBEN.

ALBERT EINSTEIN

Inhale
the moment.
Exhale the past.

Schön hier.

ICH BIN DANN MAL
IM HIER UND JETZT.

IN AUSEINANDERSETZUNGEN
MIT DEINEN LIEBEN SPRICH NUR
ÜBER DIE AKTUELLE SITUATION.
LASS DIE VERGANGENHEIT RUHEN.

WEISHEIT AUS DEM BUDDHISMUS

Entspanne dich
zu Naturgeräuschen.

Loslassen lernen

WENN DIR MAL WIEDER ZU VIEL IM KOPF RUMGEHT,
PACKE DIE SORGEN UND ÄNGSTE GEDANKLICH
IN WOLKEN UND LASS SIE VORÜBERZIEHEN.
IMMER WENN EIN NEUER GEDANKE AUFTAUCHT,
LÄSST DU IHN WIEDER LOS.

Happy Buddha

SCHLIESSE DEINE AUGEN, ENTSPANNE DEIN GESICHT,
GLÄTTE DEINE STIRN UND ATME GANZ ACHTSAM.
WERDE MIT JEDEM ATEMZUG RUHIGER UND STELL DIR
VOR, WIE AUS DEINER KÖRPERMITTE HERAUS
EIN LÄCHELN ENTSTEHT UND SICH ÜBERALL VERTEILT.
SUCHE UND AKTIVIERE DEIN INNERES LÄCHELN,
WANN IMMER DIR DANACH IST.

Lachen IST EINE KÖRPERLICHE ÜBUNG VON GROSSEM WERT FÜR DIE GESUNDHEIT.

ARISTOTELES

Das meiste,
worüber du dir dauernd
Sorgen machst,
tritt nie ein.

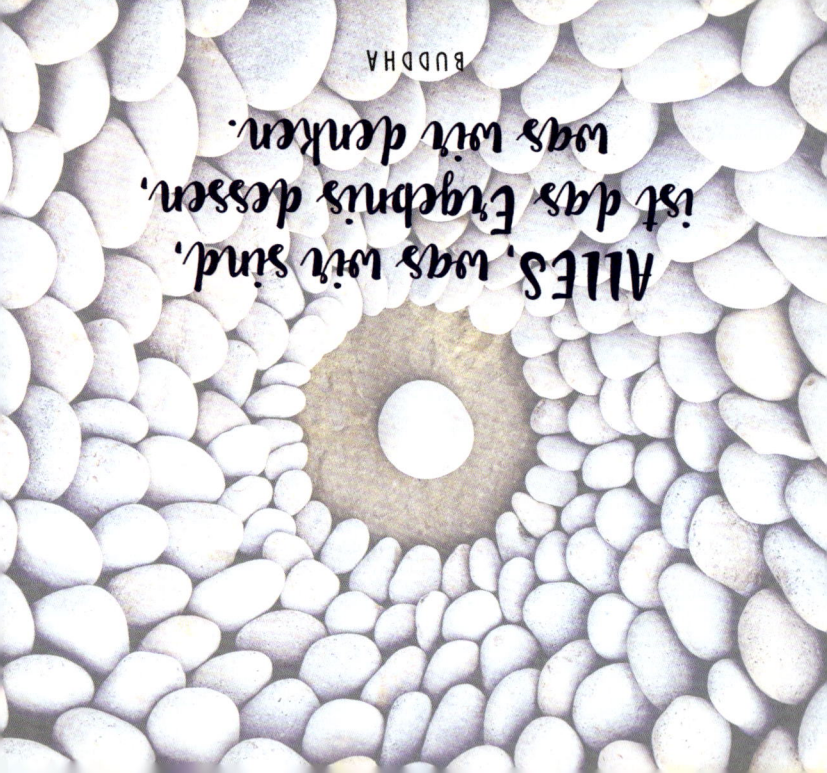

ALLES, was wir sind,
ist das Ergebnis dessen,
was wir denken.

BUDDHA

Glück IST EIN ENTSCHLUSS.

RENÉ DESCARTES

Triff ihn für dich!
Jetzt!

Das Leben
findet draußen statt!

AUCH WENN DIR DER SINN NACH SOFA UND SERIEN
STEHT: VERBRINGE VIEL ZEIT AN DER FRISCHEN
LUFT. GENIESSE DIE WÄRMENDEN SONNENSTRAHLEN
IM GESICHT, DEN WIND, WIE ER ÜBER
DEINE HAUT STREICHT, UND AUCH DEN REGEN,
WIE ER DEINE NASENSPITZE KÜSST.

SUCHE IMMER *das Schöne*
UND FREUE DICH ÜBER DIE VIELFALT
DER JAHRESZEITEN.

MAN MUSS MIT
SEINEN GEDANKEN
NUR BEI DEM SEIN,
WAS GERADE JETZT
ZU TUN IST.

MARC AUREL

WONDER

-at-

your sense

lost

NEVER

Alles HAT EINEN GRUND.
MANCHMAL PASSIEREN
SCHLECHTE DINGE, DAMIT
ETWAS NEUES UND SCHÖNES
DARAUS ENTSTEHEN KANN.

ZUM ACHTSAMEN UMGANG MIT DIR SELBST GEHÖRT AUCH,
DASS DU NEGATIVE GEFÜHLE ODER SCHMERZ
ZULASSEN KANNST. ES IST MENSCHLICH, DASS MAN
MANCHMAL EIFERSÜCHTIG, WÜTEND ODER TRAURIG IST,
SCHLECHTE STIMMUNG VERBREITET ODER
ALLEIN SEIN MÖCHTE. NIMM AUCH DIESE GEFÜHLE
BEWUSST WAHR UND SPÜRE IN DICH HINEIN:

Was könnte dir
in so einem Moment helfen?

Paradise is now

SEI IMMER GENAU DA, WO DU GERADE BIST.
WENN DU BARFUSS ÜBER EINE WIESE LÄUFST,
SPÜRE, WIE DAS GRAS DEINE FÜSSE SANFT KITZELT.
WENN DU NACH EINEM GEWITTER DURCH
DIE ASPHALTIERTEN STRASSEN GEHST, NIMM
DEN GERUCH VON WARMEM SOMMERREGEN WAHR.

JEDER **Moment**
IST VERGÄNGLICH.
ABER DARIN LIEGT
SEINE BESONDERHEIT
UND SCHÖNHEIT.

fika

[fee - ka] • Schwedisch

EIN GEMEINSAMER MOMENT DER ENTSCHLEUNIGUNG
UND WERTSCHÄTZUNG DER EINFACHEN DINGE

A calm mind is a creative mind.

URTEILE WENIGER.

Akzeptiere mehr.

REDE WENIGER.

Höre mehr zu.

AUCH AUS STEINEN,
DIE EINEM IN DEN WEG
GELEGT WERDEN, KANN MAN
SCHÖNES BAUEN.

JOHANN WOLFGANG VON GOETHE

Menschliches Glück

STAMMT NICHT SO SEHR AUS DEN SELTENEN,
GROSSEN GLÜCKSFÄLLEN,
ALS VIELMEHR AUS KLEINEN
GLÜCKLICHEN UMSTÄNDEN,
DIE JEDEN TAG VORKOMMEN.

BENJAMIN FRANKLIN

WER ODER WAS
INSPIRIERT DICH?
WOMIT WÜRDEST DU GERNE
MEHR ZEIT VERBRINGEN?
UND: WARUM TUST DU ES NICHT?

Sei du selbst,
damit dich die Menschen,
die deine Nähe suchen,
auch finden können.

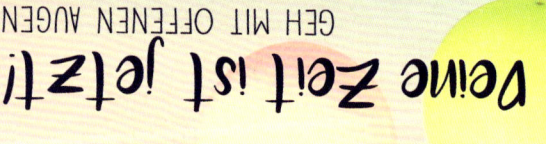

Deine Zeit ist jetzt!

GEH MIT OFFENEN AUGEN
DURCH DIE WELT UND SCHAU DIR
ETWAS VON DEN ANDEREN
MENSCHEN AB, DENEN DU
IM LEBEN BEGEGNEST.
OFTMALS BRAUCHT ES
NICHT VIEL, UM EIN GLÜCKLICHES
LEBEN ZU FÜHREN.

MIX
Papier | Fördert
gute Waldnutzung
FSC® C100711